Les premiers pas de l'Enfance.

NOUVEL ALPHABET

FACILE ET AMUSANT

Orné de Gravures coloriées.

PARIS
LIBRAIRIE FRANÇAISE ET ANGLAISE DE J.-H. TRUCHY
26, BOULEVART DES ITALIENS, 26.

1856

NOUVEL
ALPHABET
FACILE ET AMUSANT

C.

Paris. — Imprimé chez Bonaventure et Ducessois, 55, quai des Grands-Augustins.

LES PREMIERS PAS DE L'ENFANCE

NOUVEL

ALPHABET

FACILE ET AMUSANT

ORNÉ DE GRAVURES COLORIÉES

CONTENANT

DE NOMBREUX EXERCICES D'ÉPELLATION

SUIVIS

DE COURTES PHRASES ET D'HISTORIETTES.

PARIS

LIBRAIRIE FRANÇAISE ET ANGLAISE DE J. H. TRUCHY,

26, BOULEVART DES ITALIENS, 26.

1855

MAJUSCULES.

A B C

D E F

G H I

J K L

M N O

P Q R

S T U

V W X

Y Z

MINUSCULES.

a b c

d e f

g h i

j k l

m n o

p q r

s t u

v w x

y z

A a

A-ne

B b

Brou-et-te

C c

Coq

D d

Din-don

E e

É-gli-se

F f

Fau-teuil

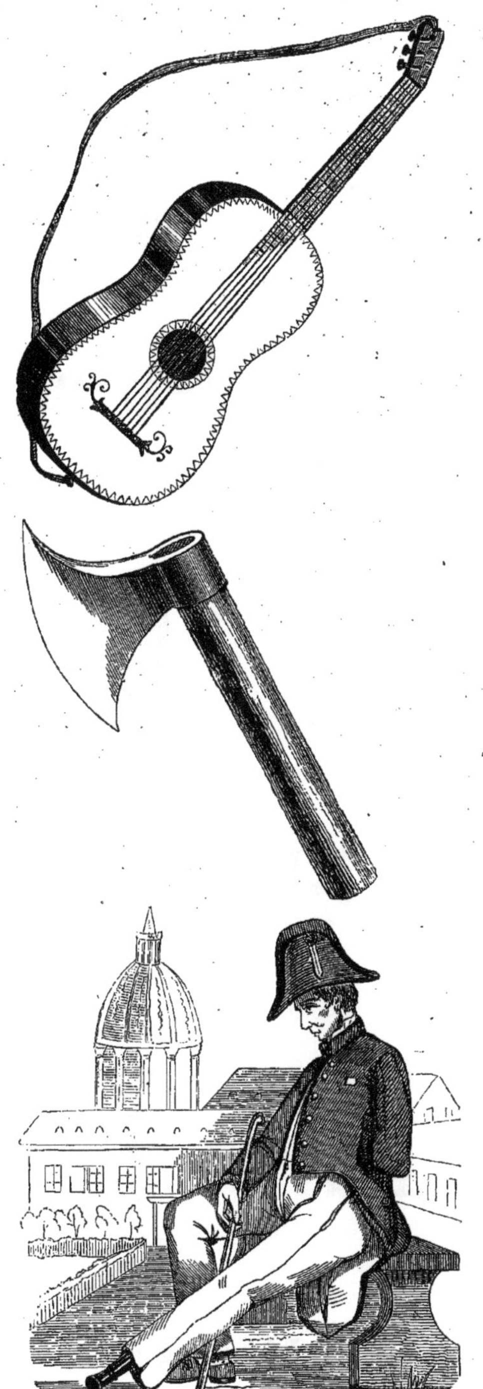

G g

Gui-ta-re

H h

Ha-che

I i

In-va-li-de

J j

Jar-di-nier

K k

Ki-lo

L l

La-pins

M m

Mou-lin

N n

Nid

O o

Oeufs

P p

Po-li-chi-nel-le

Q q

Quil-les

R r

Re-nard

S s

Sin-ge

T t

Tam-bour

U u

Ur-ne

V v

Va-che

W w

Wa-gon

X x

Y y

Yeux

Z z

Zè-bre

CHIFFRES.

0	1	2	3	4
Zéro	Un	Deux	Trois	Quatre
5	6	7	8	9
Cinq	Six	Sept	Huit	Neuf

EXERCICES.

O B I P C Q J

A K V R D L E

H W F S X G M

Y T Z N U

---

u n z t y m g x s

f w h e l d r v k

a j q c p i b o &

---

5 9 3 1 6 2 7 4 0 8

VOYELLES.

A E É È I O U Y

---

a e é è i o u y

CONSONNES.

B C D F G H J

K L M N P Q R

S T V W X Z

---

b c d f g h j k l m

n p q r s t v w x z

SYLLABES DE DEUX LETTRES.

Une Voyelle et une Consonne.

---

ab	eb	ib	ob	ub
ac	ec	ic	oc	uc
ad	ed	id	od	ud
af	ef	if	of	uf
ag	eg	ig	og	ug
ah	eh	ih	oh	uh
aj	ej	ij	oj	uj
ak	ek	ik	ok	uk

al	el	il	ol	ul
am	em	im	om	um
an	en	in	on	un
ap	ep	ip	op	up
aq	eq	iq	oq	uq
ar	er	ir	or	ur
as	es	is	os	us
at	et	it	ot	ut
av	ev	iv	ov	uv
aw	ew	iw	ow	uw
ax	ex	ix	ox	ux
az	ez	iz	oz	uz

SYLLABES DE DEUX LETTRES.

Une Consonne et une Voyelle.

ba	be	bé	bè	bi	bo	bu
ca	ce	cé	cè	ci	co	cu
da	de	dé	dè	di	do	du
fa	fe	fé	fè	fi	fo	fu
ga	ge	gé	gè	gi	go	gu
ha	he	hé	hè	hi	ho	hu
ja	je	jé	jè	ji	jo	ju
ka	ke	ké	kè	ki	ko	ku

la le lé lè li lo lu

ma me mé mè mi mo mu

na ne né nè ni no nu

pa pe pé pè pi po pu

ra re ré rè ri ro ru

sa se sé sè si so su

ta te té tè ti to tu

va ve vé vè vi vo vu

wa we wi wo wu

xa xe xé xè xi xo xu

za ze zé zè zi zo zu

SYLLABES DE TROIS LETTRES.

---

bla	**ble**	**bli**	**blo**	**blu**
bra	**bre**	**bri**	**bro**	**bru**
cha	**che**	**chi**	**cho**	**chu**
cla	**cle**	**cli**	**clo**	**clu**
cra	**cre**	**cri**	**cro**	**cru**
dra	**dre**	**dri**	**dro**	**dru**
fla	**fle**	**fli**	**flo**	**flu**
fra	**fre**	**fri**	**fro**	**fru**
gla	**gle**	**gli**	**glo**	**glu**
gna	**gne**	**gni**	**gno**	**gnu**

gra	**gre**	**gri**	**gro**	**gru**
pha	**phe**	**phi**	**pho**	**phu**
pla	**ple**	**pli**	**plo**	**plu**
pra	**pre**	**pri**	**pro**	**pru**
rha	**rhe**	**rhi**	**rho**	**rhu**
sca	**sce**	**sci**	**sco**	**scu**
sla	**sle**	**sli**	**slo**	**slu**
spa	**spe**	**spi**	**spo**	**spu**
sta	**ste**	**sti**	**sto**	**stu**
tha	**the**	**thi**	**tho**	**thu**
tra	**tre**	**tri**	**tro**	**tru**

---

bar	**ber**	**bir**	**bor**	**bur**

car	cer	cir	cor	cur
dar	der	dir	dor	dur
far	fer	fir	for	fur
gar	ger	gir	gor	gur
har	her	hir	hor	hur
jar	jer	jir	jor	jur
kar	ker	kir	kor	kur
lar	ler	lir	lor	lur
mar	mer	mir	mor	mur
nar	ner	nir	nor	nur
par	per	pir	por	pur
sar	ser	sir	sor	sur
tar	ter	tir	tor	tur
var	ver	vir	vor	vur

SYLLABES DE QUATRE LETTRES.

---

blau	**bleu**	**bloi**	**blou**	**blai**	**beau**
brai	**brou**	**brui**	**bois**	**bout**	**buis**
chau	**choi**	**chou**	**clai**	**cloi**	**clou**
crai	**creu**	**croi**	**crou**	**cour**	**cuis**
drai	**dreu**	**droi**	**dais**	**doit**	**doux**
fleu	**flou**	**frais**	**freu**	**froi**	**frou**
frui	**fair**	**faus**	**fois**	**four**	**fuir**
glai	**glau**	**gloi**	**glou**	**grai**	**groi**
grou	**gros**	**gour**	**gout**	**guet**	**guil**
haut	**heur**	**houe**	**houx**	**huis**	**huit**

joie joue joug joui jour kios

lair lait leur lier lieu loir

mail meil meur mieu mois mous

nais neuf nier nois nous nuit

plai plau plei pleu pail peur

prai preu proi prou pour poid

quar quel ques quil quit quoi

rail roui rous ruis rait reau

sail soir soit soup sour suis

tail teil tier toit tour tout

trai treil troi trau trou trui

vail veil veau veuf vier vieu

voir vous vrai yeux zard

MOTS DE UNE SYLLABE.

air	arc	bas	blé
bien	bœuf	bon	beau
bouc	boue	bruit	bras
blanc	bleu	brin	corps
chaud	chien	chat	cerf
chair	champ	chant	chou
cour	coq	cœur	cuir
clou	cri	cor	doux
doigt	Dieu	droit	eau
fer	fils	froid	feu
faim	fruit	fleur	fin
fort	gai	grain	gros

grand	hier	joie	jour
jeu	juin	loup	lit
lieu	lait	lac	lard
mal	main	mât	miel
mets	mars	mai	mer
mois	nez	neuf	nid
noir	noix	nuit	or
ours	plomb	pain	pluie
prix	parc	pied	port
pleurs	peur	pont	rue
roue	rat	riz	roi
sou	soir	soif	sœur
sec	sel	soin	toit
trou	temps	tort	tard
vie	veau	vent	vert
vif	vue	vin	yeux

MOTS DE DEUX SYLLABES.

a-mi ca-ve cu-ré cu–ve du-pe

é-pi é-té ju–pe la-me lime

lu-ne ma-ri mè-re mi–ne mo-de

mu-le pa-pa pè-re pi-pe pu-ni

ra-de râ-pe ra-me ri-ve ro-be

sa-li so-fa u-ni zè-le zé-ro

ar–deur ar-bre ai-gle ar-mée as–tre

bâ-ton bon-té bran-che ber-ger ba-teau

bou–cher che-veu chan-son ca-dran chat-te

ca-nif ca-non che-min chaî-ne ca-deau

cham-bre cou-sin châ-teau dra-gon dou-leur

de-main es-poir en-fant es-prit fou-le

fio-le fron-de fleu-ve frè-re fem-me

fer-me fa-çon gloi-re gom-me gui-de

hom–me hon–neur hé–ron jus–te jou–jou

jeu–di jar–din le–çon li–vre lam–pe

mar-bre ma-rin man-teau ma-man mon-de

mi-roir ma-çon maî-tre mou-che mon-tre

nei–ge ne–veu or–dre on–cle oi–seau

pou–le pas–teur plu–me per–drix plan–te

pou–voir pi–geon poi–re pei–ne pau–vre

pou-let par-fum pein-tre pa-rent prin-temps

ques–tion rai–sin ra–yon ru–ban rou–te

sa–lon sil–lon sol–de sou–ris san–té

souf–fle sei–gneur so–leil sol–dat toi–le

ti–gre tau–reau tam–bour tu–yau tour–te

ta–che veu–ve ver–tu voû–te ven–te

vais–seau vi–lain ver–re vi–gne vol–can

MOTS DE TROIS SYLLABES.

---

ab–sen–ce A–ra–be a–va–re a–mi–tié

a–voi–ne a–ni–mal a–che–ter a–veu–gle

brû-lu-re ba-lei-ne bil-bo-quet bles-su-re

bou-lan-ger cha-ri-té ca-ni-che chi-mè-re

ca-va-le cou-pa-ble con-duc-teur cui-si-nier

cru-au-té cein-tu-re com-pa-gnon cul-ti-ver

cor-ri-ger cas-ca-de dé-chi-rer de-meu-re

di–man–che dé–jeu–ner é–co–le É–mi–le

é–pin–gle en–ten–dre em–pe–reur fi–dè-le

fé–ru–le fa–rou–che fe–nê–tre fa–ça–de

feuil-la-ge for-tu-ne fa-ri-ne gou-ver-neur

gé-né-ral guir-lan-de gou-ver-ner hor-lo-ge

har-mo-nie his-toi-re in-jus-te im-pru-dent

ins-crip-tion ins-pec-teur in-no-cent ju-ju-be

jeu–nes–se jus–ti–ce li–ber–té lan–ga–ge

la-bou-reur lan-ter-ne lé-gu-me ma-la-de

mo–dè–le ma–chi–ne mon-ta-gne mé–dail–le

mu-si-cien mal-fai-teur maî-tres-se na-tu-re

na–vi–re nou–vel–le o–pé–ra o–bo–le

ou–ra–gan o–ran–ge or–ches–tre ou–vri–er

om–ni–bus pi–lu–le pa–ro–le pa–ru–re

pro-pre-té poi-tri-ne pan-ta-lon pri-son-nier

pré-si-dent pru-den-ce pri-è-re pro-fes-sion

re–cu–ler ran–cu–ne ra–pi–de res pec–ter

ros-si-gnol re-mè-de re-ve-nu spec-ta-cle

sa–me–di sur–fa–ce sym–bo–le son–net–te

to–pa–ze tri–om–phe u–ti–le vo–lu–me

vo–liè–re vé–ri–té vi–gne–ron voi–tu–re

MOTS DE QUATRE ET CINQ SYLLABES.

au-di-en-ce ap-par-te-ment a-va-ri-ce

a-ra-bi-que a-bon-dan-ce a-van-ta-geux

an-ti-cham-bre an-ti-qui-té bi-blio-thè-que

bas-ton-na-de ba-lan-çoi-re bel-vé-dè-re

bou-ton-niè-re ba-lus-tra-de ca-ma-ra-de

ca-ra-bi-ne ci-ca-tri-ce cul-ti-va-teur

ca-rac-tè-re ca-fe-tiè-re cui--si-niè-re

con-ten-te-ment con-ver-sa-tion com-mis-sai-re

dé-so-bé-is-sant dé-to-na-tion do-mes-ti-que

é-di-fi-ce é-lé-gan-te é-du-ca-tion

en-fan-til-la-ge é-chan-til-lon fai-né-an-ti-se

fa-bri-ca-tion gar-ni-tu-re gé-o-lo-gie

gen-til-les-se gou-ver-nan-te gé-mis-se-ment

gour-man-di-se ha-bi-tu-de hos-pit-a-li-té

hy-po-cri-te ha-bil-le-ment hi-ron-del-le

in-jus-ti-ce im-par-tia-li-té im-pa-tien-ce

in-no-cen-ce i-non-da-tion in-tel-li-gen-ce

in-gra-ti-tu-de in-ven-tai-re ki-lo-mè-tre

lé-gis-la-tion mo-dé-ra-tion me-nui-se-rie

mar-chan-di-se mous-se-li-ne ma-nu-fac-tu-re

nour-ri-tu-re obs-cu-ri-té or-don-nan-ce

pros-pé-ri-té pos-té-ri-té pré-di-ca-tion

phi-lo-so-phe pé-ri-sty-le pro-pri-é-tai-re

qua-dru-pè-de ré-com-pen-se rai-son-ne-ment

ré-so-lu-tion res-tau-ra-teur so-bri-é-té

so-ci-é-té sa-tis-fac-tion so-li-tu-de

sen-si-bi-li-té tem-pé-ra-tu-re tran-quil-li-té

u-ni-for-me ver-mi-cel-le vo-lon-tai-re

PHRASES FACILES.

Un bon gâ-teau.
U-ne bel-le tou-pie.
U-ne ro-be bleue.
Un chien fi-dè-le.
Un jo-li li-vre.
Un pois-son rou-ge.
U-ne poi-re mû-re.
Un pot de crê-me.
Le liè-vre ti-mi-de.
Un cha-peau neuf.
U-ne plu-me de fer.
Un œuf dur.
La pou-le pond.
Le mi-el est doux.
Un é-pi de blé.
Le che-val frin-gant.

Du pain blanc.
Un cerf vo-lant.
Le mou-ton blanc.
Ma ten-dre mè-re.
L'en-fant o-bé-is-sant
U-ne bel-le boî-te.
U-ne cas-quet-te noi-re.
U-ne plu-me d'oie.
Du lait chaud.
L'â-ne est pa-ti-ent.
La nei-ge est blan-che.
La main droi-te.
Ma bel-le pou-pée.
Paul est grand.
Mon oi-seau est mort.
Don-nez moi un li-vre.

Un beau jour.

Un bon gar-çon.

Un jeu a-mu-sant.

Un mou-lin à vent.

Voi-là ma mai-son.

Al-lons nous pro-me-ner.

Li-sez plus dou-ce-ment.

J'ai un li-vre.

Voi-là la nuit.

Al-lons jou-er.

J'ai bu un bol de lait tout chaud.

On fait le cuir de la peau du bœuf.

Ne fais pas peur au chat a-vec ton fouet.

J'ai man-gé des noix à mon dé-jeu-ner.

Dieu voit ce qui se pas-se dans ton â-me.

Un en-fant bien sa-ge se-ra l'a-mi de tout le mon-de.

Pre-nez gar-de de je-ter la bal-le dans les car-reaux.

Quand vous sau-rez bien li-re, je vous au-rai un beau li-vre de con-tes avec des i-ma-ges.

Lors-qu'il ton-ne ne re-gar-dez pas les é-clairs, ils pour-raient vous fai-re per-dre la vue.

Ces é-pis de blé sont d'u-ne bel-le cou-leur jau-ne.

Ils sont bien-tôt bons à fau-cher.

Le chien gar-de le trou-peau du ber-ger.

Le che-val de bois de Char-les est cas-sé.

Re-gar-dez Mi-net, il va at-tra-per la sou-ris.

Le me-nui-sier fait les ta-bles, les chai-ses et les meu-bles.

Ce pe-tit gar-çon n'ai-me pas à li-re, c'est un pa-res-seux.

Les a-beil-les font la ci-re et le mi-el.

Les loups dé-vo-rent les mou-tons.

Ve-nez à la fer-me a-vec moi, nous prie-rons le fer-mier de nous ven-dre du lait chaud et du pain.

É-dou-ard a u-ne bel-le bal-le que sa ma-man lui a don-née par-ce qu'il a ét-é bien sa-ge et qu'il a bien lu.

Char-les a eu la mé-dail-le de tra-vail; aus-si son pa-pa lui a don-né un joli tam-bour.

Vous vo-yez que les en-fants stu-dieux et o-bé-is-sants sont tou-jours ré-com-pen-sés.

Soy-ez donc ai-ma-ble, et l'on vous ai-me-ra.

Ve-nez vous pro-me-ner a-vec moi dans les champs, nous ver-rons les mou-tons, les oi-seaux, les ar-bres, le blé, et beau-coup d'au-tres cho-ses en-co-re.

Re-gar-dez : voi-là u-ne pou-le et ses pous-sins, vo-yez com-me ils cou-rent tous à cô-té d'el-le.

El-le grat-te la ter-re pour leur trou-ver à man-ger, et si-tôt qu'el-le a dé-cou-vert un grain ou un ver,

El-le les a-pel-le et le leur don-ne: c'est u-ne bon-ne mè-re.

Vou-lez-vous ve-nir a-vec moi dans le parc?

Nous ver-rons les daims, les cerfs et les bi-ches;

Te-nez, en voi-ci plu-sieurs; vo-yez-vous u-ne bi-che a-vec son pe-tit? Le pe-tit s'ap-pel-le un faon.

Les daims cou-rent très vi-te. Ils cou-rent plus vi-te qu'un che-val; cachez-vous, ils vous ver-raient.

Ah! il est trop tard, ils vous ont a-per-çu;

Vo-yez com-me ils se sau-vent vite.

A-dieu, jo-lis daims, nous re-vien-drons vous voir.

Main-te-nant ren-trons à la mai-son, car je crois qu'il va pleuvoir; pau-vres daims, ils se-ront mouil-lés.

Il y a 365 jours dans u-ne an-née.

L'an-née se com-po-se de qua-tre sai-sons ou de dou-ze mois. Les sai-sons sont :

Le *prin-temps,* l'*é-té,*

l'*au-tom-ne* et l'*hi-ver*.

Les dou-ze mois sont :

Jan-vier, fé-vrier, mars, a-vril, mai, juin, juil-let, a-oût, sep-tem-bre, oc-to-bre, no-vem-bre, dé-cem-bre.

Cha-que mois se com-po-se de qua-tre se-mai-nes.

Dans la se-mai-ne il y a sept jours, qui sont :

Lun-di, mar-di, mer-cre-di, jeu-di, ven-dre-di, sa-me-di* et *di-man-che.

Un es-pa-ce de temps com-po-sé de cent ans for-me ce que l'on ap-pel-le un SIÈ-CLE.

CRIS DES ANIMAUX.

Le chi-en a-boie.

Le che-val hen-nit.

L'â-ne brait.

Le tau-reau mu-git.

Le mou-ton bê-le.

Le loup hur-le.

La gre-nouil-le co-as-se.

Le paon crie.

La pou-le glous-se.

Le pour-ceau gro-gne.

Le coq chan-te.

Le chat mi-au-le.

La va-che beu-gle.

Le li-on ru-git.

Le re-nard gla-pit.

Le pi-geon rou-cou-le.

Le ser-pent sif-fle.

Char-les par-le.

PETITES HISTORIETTES

LE NID D'OI-SEAUX.

Le pe-tit Geor-ges al-la un jour se pro-me-ner dans les champs; il trou-va dans u-ne haie un nid plein de pe-tits oi-seaux; il les prit et les em-por-ta chez lui. Mais les oi-seaux é-taient si jeu-nes qu'ils n'a-vaient pas en-co-re de plu-mes et ne sa-vaient pas man-ger seuls; Geor-ges ne sa-vait pas les fai-re man-ger, aus-si les pau-vres pe-tits fu-rent bien-tôt morts. Alors il re-tour-na à la haie pour voir s'il n'en trou-ve-rait pas d'autres, mais il ne trou-va que la mè-re, qui é-tait bien tour-men-tée et qui ap-pe-lait ses pe-tits. Geor-ges fut bien fâ-ché, car il au-rait vou-lu les lui ren-dre et ne le pou-vait plus. Pau-vre gar-çon, il ne pen-sait pas que pri-vés des soins de leur mè-re, les pe-tits oi-seaux mour-raient! S'il l'a-vait su, il ne les au-rait pas pris.

LE MÉ-CHANT GAR-ÇON.

J'ai con-nu un pe-tit gar-çon qui é-tait si mé-chant qu'il pre-nait plai-sir à tour-men-ter les a-ni-maux; il a-vait un jo-li chien qu'il at-te-la un jour à u-ne pe-ti-te char-ret-te, mais el-le é-tait tel-le-ment rem-plie de gros-ses pier-res, que la pau-vre bê-te ne pou-vait mê-me pas la fai-re bou-ger.

Quand ce pe-tit gar-çon vit ce-la, il al-la cueil-lir à un buis-son u-ne gros-se ba-guet-te et com-men-ça à frap-per le chien; mais le pè-re de ce mé-chant en-fant en-ten-dit les cris du pau-vre a-ni-mal, il ac-cou-rut aus-si-tôt, et pre-nant le bâ-ton des mains de son fils, il lui en ad-mi-nis-tra u-ne bon-ne cor-rec-tion; puis il dé-ta-cha le chien et le ra-me-na à la mai-son en le ca-res-sant. Il n'y a que les mé-chants gar-çons qui font du mal aux a-ni-maux.

LE PE-TIT PA-RES-SEUX.

Mes pe-tits a-mis, je vais vous ra-con-ter l'his-toi-re d'un pe-tit gar-çon, oh! mais d'un tout pe-tit gar-çon! (car s'il a-vait é-té plus grand, j'ai-me à croi-re qu'il au-rait é-té plus sa-ge.) Mais ce-lui-ci é-tait un bien pe-tit gar-çon, puis-qu'il n'é-tait pas si haut que la ta-ble; ce-pen-dant son pa-pa et sa ma-man l'en-vo-yè-rent à l'é-co-le.

C'é-tait par u-ne bel-le ma-ti-née de prin-temps; le so-leil bril-lait au ci-el et les oi-seaux fai-saient en-ten-dre leur ra-ma-ge; et no-tre petit pa-res-seux au-rait mieux ai-mé cou-rir et jou-er plu-tôt que d'al-ler en clas-se.

Com-me il con-ti-nuait sa route, il a-per-çut u-ne a-beil-le qui vol-ti-geait de fleurs en fleurs; aus-si-tôt il s'ap-pro-cha d'el-le et lui dit : « Gen-til-le a-beil-le, vou-lez vous jou-er a-vec moi? » Mais l'a-beil-le lui ré-pon-dit : « Il ne faut pas que je sois pa-res-seu-se; il faut que je re-cueil-le le suc des fleurs pour en fai-re du miel. » Et l'a-beil-le s'en-vo-la.

Un peu plus loin, no-tre pe-tit gar-çon ren-con-tra un chien. « Joli chien, lui dit-il, veux-tu jou-er a-vec moi? » Mais le chien lui ré-pon-dit : « Il ne faut pas que je sois pa-res-seux; je vais at-trap-per du gi-bier pour le dî-ner de mon maî-tre. » Et le chien s'é-loi-gna en cou-rant. A-lors le pe-tit gar-çon s'ap-pro-cha d'u-ne meu-le de foin, et vit un oi-seau qui en em-por-tait

quel-ques brins dans son bec. Il dit à l'oi-seau : « Vou-lez-vous ve-nir jou-er a-vec moi? » Mais l'oi-seau lui ré-pon-dit : « Il ne faut pas que je sois pa-res-seux; il faut que je ra-mas-se du foin, et puis de la mous-se et de la lai-ne pour cons-trui-re mon nid. » Et l'oi-seau s'en-vo-la.

A-près ce-la, le pe-tit gar-çon vit un che-val. Il lui dit : « Beau che-val, vou-lez-vous jou-er a-vec moi? » Mais le che-val lui ré-pon-dit : » Il ne faut pas que je sois pa-res-seux; il faut que j'ail-le la-bou-rer la ter-re, car sans ce-la el-le ne pro-dui-rait pas de blé pour fai-re du pain. » Et le che-val con-ti-nua son che-min.

Le pe-tit gar-çon res-té seul ré-flé-chit à ses a-ven-tu-res, et il se dit : « Puis-que per-son-ne n'est par-res-seux, les pe-tits gar-çons ne doi-vent pas l'être non plus. » Aus-si se dé-pê-cha-t-il d'al-ler à l'é-cole, où il ap-prit si bien sa le-çon, que son maî-tre fut très con-tent de lui, et dit à sa ma-man qu'il é-tait un bon pe-tit gar-çon.

TABLE DE MULTIPLICATION.

2	fois	2	font	4
2	id.	3	id.	6
2	id.	4	id.	8
2	id.	5	id.	10
2	id.	6	id.	12
2	id.	7	id.	14
2	id.	8	id.	16
2	id.	9	id.	18
2	id.	10	id.	20
3	fois	3	font	9
3	id.	4	id.	12
3	id.	5	id.	15
3	id.	6	id.	18
3	id.	7	id.	21
3	id.	8	id.	24
3	id.	9	id.	27
3	id.	10	id.	30
4	fois	4	font	16
4	id.	5	id.	20
4	id.	6	id.	24
4	id.	7	id.	28
4	id.	8	id.	32
4	id.	9	id.	36
4	id.	10	id.	40
5	fois	5	font	25
5	id.	6	id.	30
5	id.	7	id.	35
5	id.	8	id.	40
5	id	9	id.	45
5	id.	10	id.	50
6	fois	6	font	36
6	id.	7	id.	42
6	id.	8	id.	48
6	id.	9	id.	54
6	id.	10	id.	60
7	fois	7	font	49
7	id.	8	id.	56
7	id.	9	id.	63
7	id.	10	id.	70
8	fois	8	font	64
8	id.	9	id.	72
8	id.	10	id.	80
9	fois	9	font	81
9	id.	10	id.	90
10	fois	10	font	100
10	fois	100	font	1000

Paris. — Imprimé chez Bonaventure et Ducessois, quai des Augustins, 55.

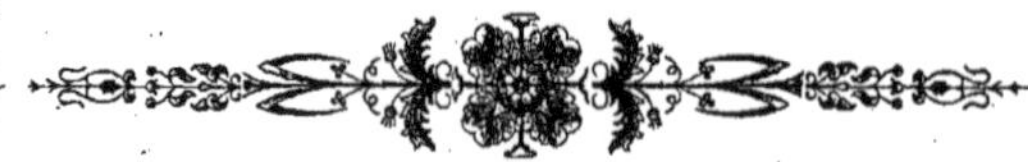

Paris.—Imprimé chez Bonaventure et Ducessois, 55, quai des Grands-Augustins.

www.ingramcontent.com/pod-product-compliance
Ingram Content Group UK Ltd.
Pitfield, Milton Keynes, MK11 3LW, UK
UKHW022139170726
13837UKWH00004B/1671